AF558877

Teresa von Ávila
Worte der Freundschaft

Teresa von Ávila

Worte der Freundschaft

Herausgegeben und eingeleitet
von Maria Otto

Anaconda

Die Originalausgabe erschien zuerst 1979 bei Herder in Freiburg.
Originaltitel: Worte der Freundschaft © Verlag Herder GmbH, Freiburg 1979.
Orthografie und Interpunktion wurden auf neue Rechtschreibung umgestellt.

Penguin Random House Verlagsgruppe FSC® N001967

Die Deutsche Nationalbibliothek verzeichnet diese Publikation in der Deutschen Nationalbibliografie; detaillierte bibliografische Daten sind im Internet unter http://dnb.d-nb.de abrufbar.

Umschlagmotiv: Teresa von Ávila, 17. Jh. Spanien; © Fine Art Images / Bridgeman Images; Raster: missis / Shutterstock.com
Umschlaggestaltung: www.katjaholst.de
Satz und Layout: InterMedia – Lemke e. K., Heiligenhaus
Druck und Bindung: GGP Media GmbH, Pößneck
Printed in Germany
ISBN 978-3-7306-1302-3
www.anacondaverlag.de

Inhalt

Einleitung

Eine solch intime Freundschaft mit Gott, die in ihren atemberaubenden Momenten den Menschen der Welt entrückt und ihn mit solcher Wonne erfüllt, dass ihm nachher alles Irdische wie Kehricht erscheint, das ist doch unserer heutigen »Weltfrömmigkeit«, so fremd wie nur möglich? Gerade darum hat uns die heilige Theresia von Ávila (1515–1582) vielleicht besonders viel zu sagen.

Man redet oft von Selbstfindung, vom Menschwerden des Menschen; aber wie sehr langweilt sich der Mensch an sich selber, wenn er sich nicht »unendlich übersteigt«. Es schadet vielleicht nichts, wenn in den sorgfältig gehüteten Glaubensrealismus und in die Alltagschristlichkeit einmal wieder das Wort »Himmel« einbricht. Nicht jedem nimmt man es ab.

Theresias Unbefangenheit, von ihren Erlebnissen mit Gott zu berichten, ist nur möglich und nur überzeugend, weil diese Erfahrung ihre ganze Natur durchdrungen hat. »Suche dich in mir«, hörte sie Gott zu ihr sprechen, und diesen Satz verteidigt sie mit ironischer Schlagkraft gegen vier Gottesgelehrte. Im Innersten seiner »Seelenburg« ist der Mensch eins mit

Gott und Gott eins mit dem Menschen. So *können* die mystischen Erfahrungen die heilige Theresia nicht der Menschlichkeit und der Erde entführen, wenn auch alle ihre Tätigkeit – ganz »geschäftstüchtig« sei sie geworden, erzählt sie lächelnd –, Ordensreform, Klostergründungen, Visitationsreisen und ihr schriftstellerisches Werk, auf Gott gerichtet ist. Und deswegen kann auch das Weltliche sie nicht mehr von Gott trennen. Sie kann in der Welt nur sein, um den Menschen von ihm zu künden, als höchst seltsam »emanzipierte« Frau in der damaligen Zeit: oft furchtsamen Herzens, aber tapfer, listig (verdeckte Bezeichnungen in manchen Briefen), von keiner der Mächte jener Zeit zu beugen.

Sie teilt sich mit, temperamentvoll und demütig, manchmal sarkastisch, auf Wahrhaftigkeit erpicht, auf Genauigkeit bedacht, der Wissenschaft zugeneigt, mit intellektueller Redlichkeit – die häufig eingeflochtenen Einschränkungen »meines Erachtens«, »es scheint mir« sind bezeichnend; aber noch mehr ist sie daheim in der Bilderwelt der Natur, den Elementen, Wasser und Feuer.

Theresia bietet ihre ganze lebhafte Ausdruckskraft auf, den Anfängern im geistlichen Leben – und auch die Fortgeschrittensten werden immer wieder zu Anfängern, sagt sie – Wege vorzuschlagen, nicht nur einen, denn das Festlegen und Uniformieren liegt ihr nicht. Die Liebe zu Gott macht sie erfinderisch, »Mitliebende« zu gewinnen, Mitfreunde. Dem Wort von der Freundschaft begegnet man auffallend oft in ihren Schriften.

Hat sie wohl gerne gelacht? Zwischen feinsten Schilderungen der Seelenzustände, der eigenen und anderer, kehrt nicht selten die Bemerkung wieder: »Ich musste lachen …«, eine Wendung, die sekundenschnell all die sublimen Ansprüche mit der menschlichen Natur versöhnt.

Eine solche Gottesfreundschaft, die verständnisvoll und fantasievoll macht, glücklich und leidensfähig, realistisch und verklärt, diese mit allen Sinnen und ohne Sinne zu kostende »glorreiche« Trunkenheit könnte im nüchternen Menschen des nachrationalistischen Zeitalters einen heiligen Neid erwecken – und des Erweckens kannte Theresia mannigfaltige Arten: »wie durch einen rasch vorüberhuschenden Sternenlichtglanz oder einen plötzlichen Donner«, ein Wohlgefühl, eine leise Ansprache …, deren echte Herkunft sich immer im Antrieb zu guten Werken beweist.

I

Himmel auf Erden

Da wir gewissermaßen schon auf Erden den Himmel haben können, wollen wir den Herrn um seine Gnade bitten, dass wir uns nicht durch eigene Schuld dieses Glück verwehren. Er möge uns den Weg zeigen und uns Kraft geben, immer tiefer zu graben, bis wir auf den verborgenen Schatz stoßen, der in Wahrheit in uns selber ist. Das möchte ich euch verständlich machen, wenn der Herr mir die Gnade dazu gibt.

Seelenburg V, 1. 2

Das, was Gott in der Seele wirkt, übersteigt alle Freuden und Ergötzungen dieser Erde. Schon in der Wahrnehmung liegt ein Unterschied. Die irdischen Freuden streifen sozusagen nur die Haut, während die anderen bis ins Mark eindringen.

Seelenburg V, 1, 5

Was Gott hier der Seele in einem solchen Augenblick mitteilt, ist ein großes Geheimnis und erfüllt sie mit außerordentlicher Wonne, sodass ich es nur mit der himmlischen Glorie vergleichen kann, die der Herr einigen Menschen offenbart, damit sie erfahren, wie weit seine Liebe geht.

Bei der mystischen Vermählung ist es, wie wenn Wasser vom Himmel in einen Fluss oder in einen Brunnen fällt, wo die Wasser eins werden, sodass sie nicht mehr voneinander geschieden werden können … Oder es ist, wie wenn in ein Zimmer durch zwei Fenster helles Licht fällt; im Hereinfallen geschieden, wird es im Zimmer doch zu *einem* Licht.

Seelenburg VII, 2, 4

II

Suche dich in mir

Gott gibt den Menschen große Beweise seiner Liebe. Freilich, wenn einer dies nicht glaubt, wird er auch nichts davon erfahren. Denn der Herr liebt es, dass man seinen Werken keine Grenzen setzt.

Seelenburg I, 1, 4

Mitunter kam mir beim Gebet oder bei der Lesung ein Gefühl der Gegenwart Gottes, so sehr, dass ich nicht daran zweifeln konnte, er sei in mir und ich in ihm untergetaucht. Leben, 10. Kap.

Wenn wir von der Seele sprechen, sollten wir immer den Begriff von Fülle, Weite und Größe damit verbinden. Das ist keineswegs übertrieben, denn die Seele vermag viel mehr zu umfassen, als wir uns vorstellen können. Seelenburg I, 2, 8

Ganz in seinem Innern gewahrt dieser Mensch, wie in einem tiefen Abgrund, die Anwesenheit Gottes.

Seelenburg VII, 1, 7

Mein Herr und mein höchstes Gut, ich kann es nicht ohne Tränen aussprechen, überwältigt vom Glücksgefühl, dass du ähnlich wie im Sakrament, so auch in uns selber wohnen willst. Dies kann man mit Gewissheit glauben, denn es ist wirklich so. Wenn wir es uns nicht durch eigene Schuld versagen, so können wir uns an deiner Gegenwart freuen. Du selbst findest deine Freude in uns, hast du uns doch zugesagt, es sei deine Wonne, bei den Menschenkindern zu sein. Oh, was besagt das? Jedes Mal, wenn ich dieses Wort höre, gibt es mir freudigen Mut. Das war selbst damals so, als ich noch in die Irre ging.

Leben 14, 9

Mein Gott, wie klar hat es sich gezeigt, dass du mich mehr liebst als ich mich selbst.

Leben 32, 4

O Herr, der Gedanke an deine Größe und Majestät versetzt mich in Staunen. Aber noch erstaunlicher ist es, dass du dich einem solchen Menschen, wie ich es bin, in Liebe zuneigst. Ja, man kann sich mit dir über alles unterhalten, man kann mit dir nach Wunsch sprechen, wenn der erste Schrecken und die Furcht angesichts deiner Majestät vorüber sind. Dann fürchtet man nur noch, in Schuld zu fallen; aber nicht, weil man an Strafe denkt, denn was bedeutet Strafe gegenüber dem Schrecken, dich zu verlieren! Leben 37, 6

Wenn ich doch von dem wenigen, was ich erkannt habe, etwas erklären könnte! Wenn ich nachdenke, wie ich es anfangen könnte, finde ich es unmöglich. Selbst für den Unterschied zwischen dem Licht, das wir auf Erden sehen, und dem, das sich dort, wo alles lauter Licht ist, dem Schauenden darbietet, gibt es keinen Vergleich. Die Klarheit der Sonne erscheint dagegen unansehnlich. Kurz, die stärkste Einbildungskraft kommt nicht dahin, dass sie sich die Beschaffenheit dieses Lichtes oder sonst etwas von dem vorstellen könnte, was der Herr mir zeigte. Dabei gab er mir ein unsagbares Wonnegefühl zu verkosten. Hier werden alle Sinne so über die Maßen erquickt und liebkost, dass man es nicht beschreiben kann, weshalb ich am besten davon schweige.

Leben 38, 2

Um mich zu trösten, sagte einmal der Herr voll Liebe zu mir: Ich solle nicht betrübt sein, in diesem Leben könnten wir eben nicht immer im selben Zustand bleiben. Bald würde ich von Eifer glühen, bald ohne Eifer sein. Bald würde ich von Unruhe gejagt und von Versuchung bedrängt, bald in Ruhe sein. Ich solle indes auf ihn hoffen und keine Furcht haben.

Leben 40, 18

Wenn Gott uns seine Huld zuwendet, so geschieht dies ungemein friedvoll, ruhig und sanft, tief in unserem Innern, ich weiß nicht, wo und wie.

Seelenburg IV, 2, 4

Er küsse mich mit dem Kusse seines Mundes.« Die Braut im Hohenlied, so dachte ich mir, hat um eine Gnade gebeten, die Christus uns später geschenkt hat, als er uns zur Speise geworden ist. Auch kam mir in den Sinn, die Braut habe mit diesen Worten um die verehrungswürdige Vereinigung gebeten, in der Gott Mensch geworden ist; um jene Freundschaft, die Gott mit den Menschen geschlossen hat. Denn der Kuss gilt doch wohl als Zeichen des Friedens und der innigen Freundschaft zwischen zwei Personen. Gedanken über die Liebe Gottes 1, 12

Beim Gebet der Ruhe kann es sein, dass der ganze innere und äußere Mensch von einem Wohlgefühl durchströmt wird. Er wird davon so gestärkt, als wäre ihm bis ins innerste Mark ein köstlicher Balsam eingegossen worden. Es ist, als seien wir an einen Ort gekommen, wo ein starker und lieblicher Wohlgeruch uns ganz umfängt und durchdringt.

Gedanken über die Liebe Gottes 4, 2

Die Freundschaft, die Gott mit dem Menschen unterhält, ist so innig, dass man zwischen ihm und der Seele nichts mehr aufteilen kann. Die Seele wird von einem Licht erleuchtet, das so blendend ist, dass sie sein Wesen nicht erfassen kann. In diesem Licht lernt sie die Eitelkeit der Welt erkennen. Sie sieht den guten Lehrmeister nicht, aber sie erkennt klar, dass er bei ihr ist. Gedanken über die Liebe Gottes 4, 3

Nichts soll dich ängstigen,
Nichts dich erschrecken.
Alles vergeht.
Gott bleibt sich treu.
Geduld erreicht alles.
Wer sich an Gott hält,
Dem fehlt nichts.
Nur Gott genügt.

Gedichte und Lieder, Nr. 9

Seele, suche dich in mir,
und suche mich in dir!

Gedichte und Lieder, Nr. 8

In dem sechsstrophigen Gedicht, einer Ansprache Gottes an die Seele, schildert Theresia, wie Gott der Seele innen eingeprägt sei. Wie in einem Spiegelspiel werden die Suchrichtungen mehrmals vertauscht; sie gleichen einander.

Zu dem schon früher von Theresia gebrauchten Ausdruck hatten vier Gottesgelehrte Stellung genommen. Das Urteil der Heiligen darüber ist ihren »Kleineren Schriften« als »Satirische Kritik« beigefügt. Hiervon ein Auszug:

Es stände schlecht um uns, wenn wir erst dann Gott suchen könnten, nachdem wir von der Welt losgelöst sind. Magdalena, die Samariterin und die Kanaanäerin waren es nicht, als sie ihn fanden.

Gott bewahre uns vor Leuten, die so hochfliegenden Geistes sind, dass sie alles und jedes zur vollkommenen Schau machen wollen. Im Übrigen danken wir dem Pater Johannes (vom Kreuz) dafür, dass er uns etwas so hervorragend erklärt hat, um was wir ihn gar nicht gefragt haben. Schließlich ist es gut, immer von Gott zu sprechen.

III

Mit der ganzen Welt

1. Kundgebung der Freude

Die Freude ist so überschwänglich groß, dass der Mensch sie nicht für sich allein behalten kann, sondern sie allen verkünden möchte, um ihnen zu helfen, den Herrn zu preisen. Welche Freudenfeste und Kundgebungen würde er gerne veranstalten, damit alle Welt davon hingerissen würde!

Seelenburg VI, 5, 10

Könnte ich es doch mit der ganzen Welt laut verkünden, wie treu du deinen Freunden bist.

Leben 25, 15

Eine Gnade ist es, dass man Gnade verliehen bekommt; eine zweite Gnade ist die Erkenntnis dieser Gnade; und eine dritte Gnade ist die Fähigkeit, diese Gnade auszudrücken und sie anderen verständlich zu machen. Leben 17, 6

Diejenigen, die ein so großes Verlangen nach Gott haben, wollten am liebsten in die Welt hinausziehen, um etwas dafür zu tun, dass wenigstens in einem einzigen Menschen das Lob Gottes geweckt werde. Gehören sie dem weiblichen Geschlecht an, so kränkt es sie, dass die natürlichen Verhältnisse ihnen im Wege stehen. Sie beneiden jene sehr, die ungehindert mit lauter Stimme ausrufen und verkünden dürfen, wer dieser große Gott ist.

Ach, armer kleiner Schmetterling, wie viele Ketten halten dich gefesselt und lassen dich nicht fliegen, wie du möchtest! Seelenburg VI, 6, 3–4

O mächtige Gottesliebe, wie verschieden sind ihre Wirkungen von denen der Weltliebe! Diese will keine Mitliebenden haben, weil sie von ihnen fürchtet, sie könnten ihr rauben, was sie besitzt. Die Liebe zu meinem Gott aber wächst in dem Maße, als die Zahl der Mitliebenden zunimmt. Und ihre Seligkeit wird abgeschwächt, wenn sie sehen muss, dass nicht alle am selben Gut teilnehmen. Darum trauert die Seele selbst in ihrer größten Wonne, wenn sie an jene denkt, die nicht danach verlangen, und sie sucht nach Mitteln und Wegen, um Genossen zu finden.

Rufe der Seele zu Gott II, 2

Wem Gott die Gnade dieses Gebets der Ruhe geschenkt hat, den möchte ich dringend warnen, dass er das empfangene Talent nicht vergrabe. Denn es sieht so aus, als wolle Gott solche Menschen ausersehen, für andere da zu sein, besonders in diesen Zeiten, in denen starke Gottesfreunde gebraucht werden, um die Schwachen zu stützen. Ja, für Freunde Gottes sollen sich jene Menschen halten, denen die Gnade des Gebets zuteilwurde, aber sie müssen sich an die Regeln halten, die man auch in der Welt zur Erhaltung einer guten Freundschaft beobachten muss. Leben 15, 5

Wenn aus der Seelentiefe des Menschen eine so friedvolle und so große Freude hervorbricht, drängt es ihn, alle Menschen zum Lob Gottes einzuladen. Bei einem so freudigen Antrieb hält man es kaum aus, zu schweigen und seine Gefühle zu verbergen.

Eine solche Freude mag den heiligen Franziskus bewegt haben, als er jubelnd durch die Felder ging und zu den Räubern, die ihn überfielen, sagte, er sei der Herold des großen Königs. Wie er sind manch andere Heilige ausgezogen, um von Gott zu erzählen. Freilich pflegt das Volk sie für Toren zu halten. In der Welt ist eben die Verkündigung des Lobes

Gottes gar nicht üblich, und so braucht man sich nicht zu wundern, wenn man deswegen verachtet wird. Seelenburg VI, 6, 10 u. 11

Gott hat mir, anstelle meiner früheren Eitelkeiten, die Gnade verliehen, dass ich immer nur noch von ihm reden möchte. Leben 10, 5

Durch dieses Schauen des Herrn wuchs mein Vertrauen zu ihm. Ich sah, dass er bei seiner Gottheit doch auch Mensch ist, der sich über die Schwachheiten der Menschen nicht entsetzt … Obschon er der Herr ist, kann ich mit ihm umgehen wie mit einem Freund.

Ich merke, er ist nicht wie die irdischen Herren, deren Herrlichkeit in einem geliehenen Gewand besteht. Man kann nur zur vorgesehenen Stunde mit ihnen sprechen, und nur Prominente werden vorgelassen. Hat ein Armer ein Anliegen, was muss er da alles anstellen und wie viele Hürden muss er nehmen, bis er es vorbringen kann. Und gar mit dem König selber sprechen? Das ist für Leute aus dem Volk ganz ausgeschlossen. Die müssen sich an seine Vertrauenspersonen wenden … und solche Höflinge pflegen nicht zu den freimütigen Menschen zu gehören, die geradeheraus sagen, was sie für unrecht halten.

O Herr aller Könige! Dein Reich ist nicht so erbärmlich gebaut. Bei dir braucht man nicht erst eine Mittelsperson. Wer dich anschaut, der sieht sogleich, dass du allein würdig bist, Herr genannt zu werden.

Leben 37, 5–6

Unendliche Güte meines Gottes! … Wer deine Nähe nicht erträgt, den erträgst du. Was für ein treuer Freund bist du ihm doch. Du beschenkst ihn, du duldest ihn, du wartest, bis er deine Art annimmt, und erträgst mittlerweile die seine. Du schlägst ihm die Stunden hoch an, in denen er dich liebt, und wenn er bereut, vergisst du augenblicklich alles, womit er dich gekränkt hat. Ich begreife einfach nicht, warum nicht alle Welt danach verlangt, durch diese besondere Freundschaft mit dir in Verbindung zu treten. Leben 8, 6

Wie schlecht halten viele die mit Gott geschlossene Freundschaft, sodass es eher aussieht, als seien sie zu seinen Todfeinden geworden! Gottes Barmherzigkeit ist wahrhaftig groß! Wo fanden wir einen Freund, der so vieles hinnimmt! Wäre ein Freund zu einem andern auch nur einmal so treulos, so würde dieser Verrat für immer zwischen ihnen stehen bleiben. Ihre Freundschaft würde künftig nie mehr von derselben Aufrichtigkeit sein wie zuvor.

Wie oft aber brechen wir die Freundschaft mit unserem Gott, und wie viele Jahre wartet er auf uns! Es hat manchmal den Anschein, Herr, als würdest du deine unendliche Größe vergessen, um uns nicht strafen zu müssen …

Gedanken über die Liebe Gottes 2, 25

Herr, was bist du für ein wahrer Freund und wie mächtig! Du kannst helfen, und du hörst nicht auf, denen helfen zu wollen, die dich lieben … Wenn alle Geschöpfe uns verlassen, Herr, du verlässt uns nie. Nur kurze Zeit lässt du jene leiden, die dich lieben.

Leben 25, 15

Schauen wir auf den Herrn, und fürchten wir nicht, die Sonne der Gerechtigkeit könnte untergehen. Gott lässt uns nicht im Finstern. Nur wenn wir ihn verlassen, gehn wir zugrunde. Leben 35, 12

Manchmal scheint mir, Gott wolle ausprobieren, wer ihn liebt. In einem Erlebnis himmlischer Wonne gibt er bald diesem, bald jenem zu verkosten, wer er ist, um den etwa erloschenen Glauben an das, was er uns künftig geben will, zu beleben. Wie wenn er sagen wollte: »Schau, das ist nur ein Tropfen aus dem unermesslichen Meer des Glücks!« ... Je bereitwilliger man Gott aufnimmt, desto mehr gibt er seine Gnade und sich selbst. Wer ihn liebt, den liebt er wieder. Und welch ein erlesener Liebhaber, welch ein guter Freund ist er!

O Herr meiner Seele, hätte ich doch Worte, um deutlich zu machen, was du den Menschen gibst, die sich dir anvertrauen, und was die verlieren, die auf dich zugegangen sind und dann doch von sich selbst nicht loskommen! Leben 22, 17

Mein Gott, hätte ich doch Verstand, Wissenschaft und neue Worte, um deine Werke so zu preisen, wie ich sie erkenne! Leben 25, 15

2. Mit rechtem Verstand

Ich habe mich immer um wahre Erkenntnis bemüht … Darum war ich auch ständig bestrebt, kundige Menschen zu finden, die mir Aufklärung verschaffen konnten.

Ich stütze mich in meinem Bericht auf eigene Erfahrung sowie auf die Einsicht, die ich im langjährigen Verkehr mit großen Gelehrten gewonnen habe.

Leben 10, 8 u. 9

Dieses Kennzeichen scheint mir sicher zu sein. Ich sage – wie immer in schwierigen Sachen –, »es scheint mir«, auch wenn ich meine, dass ich sie verstanden habe und die Wahrheit rede. Ich bin immer bereit, auf das einzugehen, was Männer der Wissenschaft dazu vorbringen. Seelenburg V, 1, 6

Behaupte nie, was du nicht weißt!

Ermahnungen 50

Es ist etwas Großes um die Wissenschaft; sie belehrt uns, die wir wenig wissen, sie macht uns vieles klar. Durch sie bekommen wir auch Kenntnis von der Wahrheit der Heiligen Schrift. Tun wir, was recht ist. Vor albernen Andachten aber bewahre uns Gott. Leben 13, 16

Ich habe mit vielen Gelehrten verkehrt, da ich viel für sie übrig habe, und in den letzten Jahren hatte ich öfters dringende Anlässe, mich mit ihnen zu besprechen ... Ich glaube, die bösen Geister scheuen die Wissenschaft, wenn sie mit Demut und Tugend verbunden ist, sie fürchten sich davor, von ihr entdeckt zu werden und mit Schaden abziehen zu müssen.

Leben 13, 17

Wie oft bewundere ich die Gelehrten, wie sie unter großen Anstrengungen sich das erwerben, was mir ohne jede Mühe meinerseits durch bloßes Fragen zuteilwird. Und da sollte es noch Leute geben, die sich das nicht zugutekommen lassen? Das verhüte Gott! Und doch kommt es vor, dass manche von uns – die wir von den Plagen der Forschung verschont bleiben und die geistige Speise gleichsam schon gekocht auf den Tisch bekommen – den Gedanken hegen, wir seien besser als jene sich abmühenden Gelehrten, weil wir etwas mehr dem Gebet obliegen.

Wir sollten für sie, die uns Licht bringen, in der Tat häufig beten! Leben 13, 19

Das Denken ist jetzt ständig der Erkenntnis der reinen Wahrheit zugekehrt, sodass alles andere sich wie ein Kinderspiel ausnimmt. Die Seele lacht manchmal bei sich selbst, wenn sie sieht, wie ernste, fromme Personen, sogar Ordensleute, bestimmte Ehrensachen so wichtig nehmen. Sie erklären dann, das sei aus Klugheit und geschehe des Ansehens wegen, das dem Stande zukommt, und um größeren Nutzen zu erzielen. Aber wer mehr erleuchtet ist, weiß, dass sie an einem Tage mehr Gutes bewirken würden als mit diesem Ansehen in zehn Jahren, wenn sie das Ansehen ihres Standes um der Liebe Gottes willen beiseiteließen. Leben 21, 10

Man soll also beim Gebet der Ruhe die Seele unbehelligt in Ruhe lassen und die Wissenschaft beiseitelegen. Zur gegebenen Zeit können die Gelehrten auf sie zurückkommen und sie zum Dienste Gottes mit Nutzen gebrauchen. Dennoch gilt vor Gott ein wenig Studium der Demut mehr als alle Wissenschaft der Welt. Da geht es nicht um Beweisführung und Schlussfolgerungen. Da brauchen wir uns nur aufrichtig zu erkennen als das, was wir sind, und in Einfalt vor Gott zu verweilen. Leben 15, 8

Beim Gebet der Ruhe hat die Seele nichts zu tun, als in stiller Hingabe und ohne Geräusch zu verweilen. Unter Geräusch verstehe ich hier, wenn man mit dem Verstand viele Überlegungen anstellt, nach vielen Worten sucht oder wenn man seine Fehler zusammenzählt, um seiner Unwürdigkeit durch und durch bewusst zu werden … Der Wille soll begreifen, dass es nicht gut ist, sich der Kraft der Arme zu bedienen, wenn man mit Gott verkehrt, und dass diese nur wie große Holzscheite sind, die man unpassenderweise auf das Fünklein wirft und die es ersticken … Daran mögen die Gelehrten denken, denen es einfallen könnte, die Zeit mit Anführung von Schriftstellen zu verbringen. Vorher und nachher wird ihnen die Wissenschaft nützlich sein. Beim Gebet der Ruhe ist sie ihnen meines Erachtens nicht vonnöten, sie könnte höchstens dazu dienen, die

Glut des Willens abzukühlen. Der Verstand ist hier so nahe am Licht und von solcher Klarheit durchströmt, dass selbst ich, unwissend wie ich doch bin, eine andere zu sein scheine. Leben 15, 6 u. 7

IV

Führung in die Seelenburg

1. Mein Fehler war …

Ich bat den Herrn um Hilfe. Doch mein Fehler war, so scheint mir heute, dass ich mein Vertrauen nicht ganz auf ihn setzte, sondern mir selbst noch zu viel vertraute … Ich verlangte nach Leben, denn das sah ich, dass ich nicht lebte, sondern mit einem Todesschatten kämpfte. Aber ich fand niemand, der mir das Leben gegeben hätte, ich selbst konnte es mir nicht geben. Der Einzige, der es mir geben konnte, hatte Grund, mir nicht zu helfen, weil er mich schon so oft zurückgeholt, ich ihn aber jedes Mal wieder verlassen hatte. Leben 8, 12

Ich kannte mich im Brevier und in den Chorzeremonien nicht gut aus. Schuld daran war meine Nachlässigkeit und meine Beschäftigung mit eitlen Dingen. Andere Novizinnen mochte ich nicht fragen, ich wollte nicht, dass sie merkten, wie unsicher ich war.

Ich konnte auch nicht gut singen. Wenn ich etwas singen sollte, was ich nicht eingeübt hatte, war mir das sehr unangenehm … Aus lauter Angst, mich zu blamieren, war ich so verwirrt, dass ich noch schlechter sang, als ich eigentlich konnte. Später nahm ich mir vor, es offen einzugestehen, wenn ich etwas nicht gut beherrschte. Anfangs beschämte mich das sehr, nach und nach aber tat ich es mit Freude. Und sobald ich mich nicht mehr darum kümmerte, ob andere meine Ungeschicklichkeit bemerkten, konnte ich meine Aufgaben besser erfüllen. Die erbärmliche Ehrsucht hatte mich genau zu dem unfähig gemacht, worin ich meine Ehre sah. Leben 31, 23

Ich weiß nicht, warum scheut man sich denn, sich dem innerlichen Gebet hinzugeben, vor was fürchtet man sich? ... Jahrelang war es bei mir so, dass mich das Verlangen nach dem Ende der Gebetszeit, die ich mir festgesetzt hatte, und das Horchen auf den Schlag der Uhr stärker beschäftigte als die guten Gedanken. Ich konnte mir keine so schwere Buße denken, die man mir hätte auferlegen können und die ich nicht lieber auf mich genommen hätte, als mich zum Gebet zu sammeln. Wirklich, die Gewalt, mit der mich der böse Feind oder meine schlechte Gewohnheit vom Beten abhalten wollte, und die Trübseligkeit, die mich beim Betreten des Oratoriums befiel, waren kaum zu ertragen. Man sagt mir nach, dass ich nicht wenig Mut habe, und tatsächlich habe ich es schon bewiesen, dass Gott mir viel mehr

Mut verliehen hat, als man von Frauen zu erwarten pflegt. Und doch musste ich meine ganze Kraft zusammenraffen, um mich zum Beten zu zwingen, bis mir schließlich der Herr geholfen hat … Ich möchte hier nur noch sagen, dass das innerliche Gebet die Tür zu den großen Gnaden war, die mir der Herr erwiesen hat. Bleibt diese Tür verschlossen, so weiß ich nicht, wie der Herr solche Gnaden einer Seele mitteilen könnte. Leben 8, 7–10

Ich komme auf die zerstreuten Gedanken zurück, die mir solche Qual machten. Die Gebetsart, bei der man nicht mit dem Verstand nachdenkt, hat es auf sich, dass die Seele entweder viel gewinnt oder dass ihr die Betrachtung entgleitet. Kommt sie voran, so gewinnt sie viel, weil sie in der Liebe zunimmt. Bis dahin ist der Weg weit … Für diejenigen, die ihn gehen wollen, ist es daher gut, ein Buch bei der Hand zu haben, damit sie sich durch Lesen rasch wieder sammeln können. Mir half es auch viel, wenn ich das Feld oder Wasser oder Blumen anschaute. Diese Dinge weckten mich auf und brachten mich zur Sammlung, ebenso gut wie ein Buch.

Leben 9, 4

Ich verbrachte viel Zeit mit dem Lesen guter Bücher, und darin bestand zugleich meine Erholung. Gott hat es mir nicht gegeben, durch Verstandestätigkeit oder Einbildungskraft zum innerlichen Gebet zu gelangen … Wem aber diese Mittel nicht zu Gebote stehen, der kann sich schwerlich der Zerstreuung und aller Art Versuchungen erwehren. Die Seele bleibt ohne Stütze und Beschäftigung und quält sich unnütz. Wer also nicht imstande ist, von sich aus etwas Erbauliches auszudenken, der muss sich viel mit Lesen beschäftigen.

Tatsächlich habe ich es lange Zeit nicht gewagt, mich ohne Buch dem innerlichen Gebet zu widmen, ja die Gebetsübung ohne Hilfe eines Buches schreckte mich derart ab, dass es mir zumute war, als müsse ich in den Krieg ziehen gegen ein übermächtiges feindliches Heer. Hatte ich indes ein Buch bei mir, so war es mir wie ein Gefährte oder wie ein Schild, die auf mich einstürmenden störenden Gedanken abzuschlagen, und ich war getröstet … Hatte ich einmal kein Buch zur Hand, so fand es sich, dass ich bald zerstreut war und meine Gedanken davonliefen. Ein vor mir liegendes Buch war wie eine Lockspeise, und meine Gedanken sammelten sich von selbst. Zuweilen genügte das bloße Öffnen des Buches.

Leben 4, 9

Zum heiligen Augustinus fühle ich mich sehr hingezogen, nicht zuletzt weil er ein Sünder war; überhaupt die Heiligen, die ein sündhaftes Leben geführt hatten und die der Herr dennoch eingeholt hat, waren mir ein Trost. Es war mir, als würden sie mir helfen und als würde der Herr, wie er ihnen verziehen hat, auch mir verzeihen. Wenn ich aber dachte, dass der Herr sie nur einmal rufen musste und sie danach nicht mehr gefallen sind, wurde ich traurig. Bei mir geschah das so oft, und das bedrückte mich. Besann ich mich aber auf die Liebe Gottes zu mir, so fasste ich wieder Mut. Denn an seiner Barmherzigkeit habe ich noch nie gezweifelt, an mir selbst aber schon oft.

Leben 9, 6

Zuweilen wurde ich von argen Seelenleiden heimgesucht.

Der Glaube ist dann wie erstorben, wenn auch nicht verloren. Man glaubt wohl, was die Kirche lehrt; aber es ist so, als spreche man es nur mit dem Munde nach. Man ist so niedergedrückt und träge, dass einem die Erkenntnis Gottes vorkommt wie etwas, das man nur von Weitem gehört hat. Wenn man mündlich beten will, ist es eine Marter, die meiner Ansicht nach eine kleine Ähnlichkeit mit der Hölle hat. Wenn man lesen will, so ist es, als könnte man nicht einmal dies. Ich wollte einmal im Leben eines Heiligen lesen, um darin Belehrung und Trost zu finden. Da las ich vier- oder fünfmal ebenso viele Zeilen, verstand aber das letzte Mal weniger davon als das erste Mal und ließ darauf das Lesen bleiben.

Wenn man in einem solchen Zustand ist, wird alles noch schlimmer, wenn man mit anderen Menschen zusammentrifft. Der böse Feind reizt einen da zu solcher Übellaune und Wut, dass mir ist, als wollte ich jedermann verschlingen, und ich konnte dieser Missstimmung nicht Herr werden.

Leben 30, 6, 9, 10, 11

Manchmal fühlte ich mich unfähig, etwas Gutes zu denken oder zu wollen. Ich fühlte mich lahm und untauglich. Ich empfand einen Widerwillen in mir, ohne dass ich einen Grund dafür gewusst hätte, und mit nichts war ich zufriedenzustellen. Wohl versuchte ich, mich dann zu beschäftigen, gute Werke zu tun, aber ich musste mich fast dazu zwingen.

Kleinigkeiten, über die ich zu anderen Zeiten lachen würde, nehmen dann meinen Verstand ein, bis er ganz in sie verbohrt ist.

Leben 30, 13 u. 9

Zuzeiten, wenn ich über Gott oder irgendetwas Gutes nachdenken will, kann ich bei keinem Gegenstand verweilen … Der Verstand treibt sich so rastlos umher, dass er einem tobsüchtigen Verrückten gleicht. Manchmal lache ich beim Anblick meiner Erbärmlichkeit über mich selbst.

Zu anderen Zeiten ist meine Seele ganz stumpf. Ich sage »stumpf«, denn ich tue dann augenscheinlich weder Gutes noch Böses, sondern laufe sozusagen der Herde nach. Ich empfinde weder Leid noch Freude, scheine gefühllos gegen alles zu sein. Die Seele kommt mir dann vor wie ein Eselchen auf der Weide, das sich nährt, wenn es Futter findet, und das frisst, ohne sich dabei etwas zu denken.

Manchmal, wenn ich so gar nichts Rechtes tun kann, muss ich über mich lachen, manchmal bekümmert es mich sehr. Leben 30, 14, 16, 18

Die früher empfangenen Gnaden sagten mir nichts, da meine Seele ganz dumpf war und ganz benommen, ich weiß nicht, wie und von was. Zwar dachte ich nichts Böses, aber ich vermochte auch nichts Gutes zu denken, sodass ich über mich selbst lachen musste; ich war ganz froh darüber, zu sehen, wie elend man ist, wenn man Gottes Gnade eine Zeit lang nicht in sich wirken fühlt. Leben 37, 8

Drei oder vier Stunden nach dem Schluss der Feierlichkeiten [im von ihr gegründeten Josefskloster] wühlte der böse Feind in mir einen Kampf auf, den ich beschreiben will. Er hielt mir vor, ich hätte schlecht gehandelt und gegen den Gehorsam verstoßen … die Nonnen würden es in diesem Hause bei so strenger Klausur wohl nicht aushalten, es könnte ihnen an der notwendigen Ernährung fehlen, und was solle denn der Wahnwitz, dass ich in ein neues Kloster gegangen sei, wo ich doch bereits in einem war. Alle Zusprüche des Herrn, alle Gutachten anderer und alle Gebete in diesen vergangenen zwei Jahren, alles war aus meinem Gedächtnis wie ausgewischt. Ich hörte bloß noch meinen eigenen Zweifel sprechen. Alle Tugendkraft, aller Glaube waren mattgesetzt. Wie könnte ich mich unterfangen, ging es weiter, mich mit meinen vielen Krankheiten in ein so enges Haus zu stecken und ein so hartes Bußleben zu führen. Wie konnte ich ein so weiträumiges und angenehmes Kloster verlassen, darin ich froh und in Freundschaft mit vielen gelebt habe, die Nonnen dieses neuen Klosters hingegen würden vielleicht gar nicht nach meinem Geschmack sein. Ich hätte mir zu viel vorgenommen und werde gewiss zusammenbrechen. Leichtfertig hätte ich mir Frieden und Ruhe verspielt und könne nicht einmal mehr das innerliche Gebet üben, schließlich gehe meine Seele zugrunde. Solches spiegelte mir der böse Feind so lebhaft vor, dass es nicht in meiner Macht stand, anderes zu denken. Eine Traurigkeit, eine Verfinsterung umfingen mich, wie ich sie gar nicht beschreiben kann.

Leben 36, 6

Jetzt traten mir alle Schwierigkeiten vor Augen, auf die mich die Tadler, die mein Unternehmen im Vorweg missbilligt hatten, nun hinweisen würden. Ich sah ein, sie hatten so unrecht nicht, und ich hielt es für unmöglich, das Begonnene weiterzuführen … Nach diesem ersten Misslingen schien mir auch alles andere verloren, von dem ich geglaubt hatte, dass mir die Hilfe des Herrn zugesagt war. Ich begann zu fürchten, dass überhaupt alles, was ich im Gebet vernommen hatte, eine Täuschung sein könnte. Und das war von allem die ärgste Qual.

Buch der Klosterstiftungen 3, 11

Wenn der böse Feind auch nur ein wenig Furcht bei uns bemerkt, so ist ihm das schon genug, um in uns die Einbildung zu erzeugen, wir müssten unser Tugendstreben mit Gesundheit und Leben bezahlen. Ja, wenn wir bloß Reuetränen vergießen, träufelt er uns schon die Furcht ein, wir könnten dadurch erblinden. Dies habe ich selbst erfahren, daher weiß ich es. Leben 13, 6

Zu meinem Fürsprecher erwählte ich den heiligen Josef; ich empfahl mich ihm inständig. In der Tat, ich habe klar erkannt, dass er es gewesen ist, der mich aus meiner damaligen Not und aus noch größeren Nöten gerettet hat. Ich erinnere mich nicht, dass ich ihn vergeblich um etwas gebeten hätte.

Seinen Festtag suchte ich immer mit aller Feierlichkeit zu begehen. Schon seit einigen Jahren erbitte ich mir jedes Mal an seinem Festtag eine besondere Gnade, und immer wird meine Bitte erfüllt. War sie nicht ganz rechter Art, so wendet er sie zu etwas Besserem für mich. Leben 6, 7

Ein Mensch, der in Schuld gefallen ist, möge auf die Güte Gottes vertrauen, die größer ist als alle Sünden, die wir je begehen können. Gott vergisst unseren Undank, wenn wir in uns gehen und zurückkehren wollen in seine Freundschaft. Dann rechnet er uns nicht die vergeudeten Gnaden vor. Im Gegenteil, er wird uns umso eher vergeben, da wir schon seine Hausgenossen waren und sozusagen sein Brot aßen.

Man denke nur, was er an mir getan hat. Eher wurde ich müde, ihn zu beleidigen, als dass er es aufgegeben hätte, mir zu vergeben. Er wird nicht müde, zu geben, und seine Erbarmungen sind unerschöpflich. Werden auch wir nicht müde, zu empfangen.

Leben 19, 13

2. Winke für Anfänger

Ich rede jetzt von solchen, die anfangen, in den Dienst der Liebe einzutreten. Dem, der uns so sehr geliebt hat, folgen wir auf dem Wege des Gebets. Wenn ich nur daran denke, erfüllt mich ein wunderbares Glücksgefühl. Halten wir uns an diesen Weg, so verlässt uns bald die knechtische Furcht. O Herr meiner Seele und mein höchstes Gut, warum willst du einem Menschen, der sich aufmacht, dich zu lieben, nicht gleich zur vollkommenen Liebe verhelfen? Doch ich habe nicht recht geredet, ich sollte seufzend sagen: Warum wollen wir selber nicht? An uns liegt es, wenn wir nicht sofort zu der hohen Würde und der Beseligung hinaufgelangen, die mit der wahren Gottesliebe einhergeht, aber nur dann, wenn man ganz und ungeteilt liebt. Aber wir tun uns schwer und zögern lange, uns Gott ganz anzuvertrauen.

Leben 11, 1

Denen, die das innerliche Gebet üben, besonders den Anfängern, möchte ich den Rat geben, die Freundschaft und den Umgang mit anderen zu suchen, die sich ebenso in der Meditation üben. Das ist äußerst wichtig, selbst wenn nichts anderes dabei erreicht würde, als dass die einen den anderen mit ihrem Gebet helfen. Doch die Sache hat noch mehr Vorteile. Sucht man zu weltlichen Vergnügungen Freunde auf, um sich mit ihnen zu unterhalten und den Genuss der eitlen Freuden durch deren Mitteilung zu verdoppeln, so kann ich nicht einsehen, warum einer, der ernsthaft anfängt, Gott zu lieben, nicht ebenso seine Freuden und Leiden, wie er sie beim Gebet erlebt, mit anderen Menschen teilen dürfte … Es scheint mir ein Kniff des bösen Feindes zu sein, dass er diejenigen, die Gott wahrhaft lieben und nach seinem Willen zu leben trachten, dazu anhält, dies krampfhaft geheim zu halten … Im Übrigen ist man doch recht demütig, wenn man sich nicht auf sich selbst stellt, sondern annimmt, Gott werde seinen Beistand geben um der Freunde willen, an die man sich hält. Leben 7, 17–18

Mein Leben war nichts anderes als ein fortgesetztes Fallen und Wiederaufstehen, bis mich der Herr in seiner Güte aus meinem Elend herausgezogen hat. Wenn ich das nur deutlich erklären könnte! Ich meine nämlich, viele verfehlen den Weg, weil sie fliegen wollen, ehe Gott ihnen Flügel gibt.

Mir scheint, ich habe dieses Gleichnis schon einmal gebraucht; gleichviel, es passt hierher, und es liegt mir daran, denn ich sehe manche, die sich unnötig quälen … Sie beginnen mit einem hohen Verlangen, mit feurigem Eifer und sind fest entschlossen, in der Tugend voranzukommen. Nun sehen sie andere, die ihnen weit vorausgeeilt sind, und sie lesen in Büchern manches, was sie nicht zustande bringen: Zum Beispiel man müsse es gleichmütig ertragen, wenn andere schlecht von einem reden, ja man solle sich darüber freuen und sogar noch mehr, als wenn sie Gutes von uns reden … Aber nach meiner Auffassung muss dies Gott uns geben, denn es handelt sich dabei, wie mir scheint, um eine übernatürliche Haltung, die unserer natürlichen Neigung widerstreitet. Anfänger sollen sich deshalb nicht betrüben, sondern auf den Herrn hoffen, dass er ihnen verwirklichen hilft, was sie erstreben und doch allein nicht vermögen. Gerade weil wir von Natur schwach sind, dürfen wir den Mut nicht sinken lassen, sondern müssen umso größeres Vertrauen haben.

Leben 31, 18–19

Man braucht großen Mut dazu, sich zur vollkommenen Liebe zu entschließen. Wer beharrlich danach strebt, dem wird Gott seine Hilfe nicht versagen. Ich habe das Wort »Mut« gebraucht, weil es so vieles gibt, was der böse Feind den Anfängern in den Weg stellt. Er weiß, dass er nicht nur die Seele eines einzelnen, sondern zugleich vieler anderer verliert. Denn wenn so ein Anfänger sich bemüht, mit der Hilfe Gottes zur vollkommenen Liebe zu gelangen, so kommt er nach meinem Dafürhalten nie allein in den Himmel hinein, sondern er zieht viele andere nach sich. Das verleiht ihm Gott als einem tapferen Feldherrn. Deshalb stellt der böse Feind gerade den Anfängern so viele Gefahren und Schwierigkeiten in den Weg, und so brauchen sie nicht wenig, sondern sehr viel Mut und einen besonderen göttlichen Beistand, um nicht kehrtzumachen. Leben 11, 4

Wollten wir beim Beten eigenmächtig die Seelenkräfte, Verstand und Einbildungskraft, ausschalten, so wäre das töricht und würde die Seele in Missstimmung versetzen. Es wäre, wie wenn einer springen will, aber von hinten festgehalten wird. Es ist auch ein Mangel an Demut. Diese vortreffliche Tugend, die Demut, hat die Eigenschaft, dass nichts, was in ihrer Begleitung unternommen wird, ein Missbehagen in der Seele zurücklässt. Leben 12, 3

Wie es im Himmel viele Wohnungen gibt, ebenso gibt es viele Wege dorthin. Manchen nützt das Nachdenken über die Hölle, manchen über den Himmel, manchen über den Tod. Es gibt Menschen, die es nicht ertragen, immer über das Leiden Christi zu meditieren. Hingegen betrachten sie mit Freude und Gewinn die Macht und Größe Gottes in den Geschöpfen und seine Liebe zu uns, die aus allem herausleuchtet.

Ja, es ist wahr, es schmerzt einen manchmal zu sehr, an das Leiden des Erlösers zu denken. Doch schau, in der Auferstehung hast du ihn ohne jede Qual und voller Herrlichkeit, die einen tröstend, die anderen ermutigend. Leben 13, 13, 22, 6

Wir sind keine Engel, sondern haben einen Leib. Es wäre töricht, wollten wir uns selbst zu Engeln machen auf dieser Erde. Von Haus aus muss unser Denken einen Halt haben, wenn auch die Seele zuweilen über sich selbst hinausgeht und von Gott so erfüllt ist, dass sie kein Geschöpf mehr nötig hat, um sich zu sammeln. Aber das Letztere ist gewöhnlich nicht der Fall. Wir müssen unsere Arbeit tun, man behandelt uns ungerecht, wir schlagen uns mit Leiden und Verstimmungen herum – lauter Umstände, in denen wir uns nicht entrückt und erhaben fühlen können. Dann ist Christus für uns ein sehr guter Freund. Wir sehen ihn als Menschen, wir sehen ihn in Schwachheiten und Leiden, wir haben ihn zum Weggenossen. Leben 22, 10

Am schwersten haben es die Anfänger. Sie müssen die Arbeit tun, der Herr gibt nur die Fähigkeit dazu. Diejenigen also, die erst anfangen, das innerliche Gebet zu üben, kann man mit denen vergleichen, die mit dem Schöpfeimer Wasser aus dem Brunnen heraufziehen. Das ist für sie keine kleine Mühe. Sie müssen sich nämlich anstrengen, ihre Sinne einzusammeln, und da diese ans Umherschweifen gewöhnt sind, ist das ein hartes Stück Arbeit … Was soll man aber tun, wenn man andauernd nichts als Trockenheit, Widerwillen und Überdruss in sich verspürt und die Unlust zum Wasserschöpfen so groß ist, dass man am liebsten aufgeben wollte? … Denn es ist tatsächlich hart, den Eimer so viele Male in den Brunnen hinunterzulassen und ihn immer wieder ohne Wasser heraufzuziehen. Oft wird man nicht einmal mehr die Arme dazu aufheben, d. h. einen guten Gedanken fassen können … Man soll nicht fürchten, vergeblich zu arbeiten. Diese Mühen haben ihren Wert. Auch ich habe viele Jahre so zugebracht. Ich weiß, nichts kostet so viel Mut wie das Ausharren in diesen Mühen. Nicht in frommen Tränen und empfindungsreicher Andacht besteht die Liebe zu Gott, sondern darin, dass wir uns um seinetwillen in Gerechtigkeit, Seelenstärke und Demut üben. Leben 11, 5–13

Ich will nur meine eigene Erfahrung mitteilen, und so kann ich sagen: Wer einmal sich auf das innerliche

Gebet eingelassen hat, der gebe es nie wieder auf, wie viel Böses er auch tun mag … Wenn wir bereuen, wird uns der Herr wieder in seine Freundschaft aufnehmen und uns die zuvor erwiesenen Gnaden oder gar noch größere schenken. Wer aber mit der Übung des innerlichen Gebets noch nicht angefangen hat, den bitte ich um der Liebe des Herrn willen, an einem so großen Gut nicht achtlos vorbeizugehen. Hier gibt es nichts, was er fürchten, nur was er ersehnen müsste. Und wenn er auch nicht nach Vollkommenheit strebt … so wird er doch den Weg zum Himmel kennenlernen. Und bleibt er beharrlich bei seiner Übung, so hoffe ich für ihn auf die Barmherzigkeit Gottes, den noch niemand vergeblich zum Freund erwählt hat. Ich sehe nämlich im innerlichen Gebet nichts anderes als einen freundschaftlichen Verkehr, bei dem wir uns oft still mit dem unterhalten, von dem wir wissen, er liebt uns.

Leben 8, 5

Die Menschen, die Gott dienen wollen, ihm aber die Tür zum innerlichen Gebet verschließen, dauern mich wirklich. Sie dienen Gott auf eigene Kosten, während der Herr für jene, die das innerliche Gebet üben, selbst die Kosten trägt; für eine kleine Mühe, die sie sich abverlangen, schenkt er ihnen so große Tröstungen, dass alle ihre Lasten leicht werden.

Nein, du Leben des Lebens aller, die dir vertrauen und dich zum Freund haben wollen: Du bringst keinem von ihnen den Tod. Vielmehr gibst du nicht nur ihrer Seele das Leben, sondern erhältst auch das Leben des Leibes und stärkst die Gesundheit.

Leben 8, 9 u. 6

Wenn jemand sich aufmacht, den Weg der vollkommenen Liebe einzuschlagen, dann möge er es doch gleich in Freude und Freiheit tun … Freilich haben wir von uns selbst immer zu befürchten, dass wir bei Gelegenheit uns von unseren Neigungen fortreißen lassen. Unser Leben lang haben wir Grund zur Demut, und wir sollten die Armseligkeit unserer Natur uns immer vor Augen halten. Doch unter den rechten Umständen dürfen wir uns auch der Erholung hingeben, nicht zuletzt deswegen, weil wir daraus neue Kräfte für unsere Gebetsübung gewinnen. Wie in allem, muss man auch hier unterscheiden. Wir müssen unseren Weg mit großer Zuversicht gehen. Es ist sehr wichtig, dass wir unserem Verlangen nach der Gottesliebe keine engen Grenzen setzen. Seien wir überzeugt, dass wir mit Gottes Gnade und durch eigene Anstrengung – wenn nicht gleich, dann allmählich – dorthin gelangen, wohin so viele Heilige gelangt sind mit Gottes Hilfe. Sie hätten das nie erreicht, wenn sie ihr Verlangen nicht so hoch gespannt hätten und nicht entschlossen gewesen wären, es nach und nach in die Tat umzusetzen.

Gott will und liebt tapfere Menschen, wenn sie zugleich demütig sind und nicht auf sich selber bauen.

Leben 13, 2

Ich glaube, dass der Teufel nicht so viel Böses anrichtet wie unsere eigene Einbildungskraft und unsere schlechten Launen, zumal wenn Melancholie hinzukommt. Buch der Klosterstiftungen 4, 2

Ich sage es noch einmal, denn es schadet nichts, wenn ich es oft wiederhole: Man darf sich wegen Trockenheit oder Zerstreutheit der Gedanken nicht betrüben, das ist sehr wichtig … Oft kommt solche Unfähigkeit zum innerlichen Gebet auch von körperlichen Störungen oder vom Wetterumschlag her … Es ist gut, bei großer Zerstreuung und Zerfahrenheit der Gedanken weder jedes Mal das Gebet abzubrechen noch auch jedes Mal die Seele zu martern, sie zu etwas zwingen zu wollen, was ihr unmöglich ist. Man widme sich dann einer äußeren Tätigkeit, Werken der Nächstenliebe oder einer guten Lektüre. Mitunter wird man auch hierzu nicht imstande sein. Dann möge man aus Liebe zu Gott dem Körper dienen, damit auch der wieder oft der Seele diene.

Leben 11, 14

Die Ruhe und Sammlung [auf der zweiten Gebetsstufe, beim Gebet der Ruhe] bei diesem Gebet gibt sich deutlich zu erkennen durch den Frieden, der die Seele überströmt, durch die vollkommene Befriedigung und Ruhe der Seelenkräfte, durch ein sanftes Wohlgefühl.

Diejenigen, die bis hierher gelangt sind, flehe ich an, sie möchten sich der großen Gnade bewusst sein und in demütigem und heiligem Stolz sich selbst hochachten, um nicht zu den Fleischtöpfen Ägyptens zurückzukehren. Wenn sie aber doch, aus Schwäche oder Bosheit, zurückfallen, wie auch ich zurückgefallen bin, so mögen sie sich an das verlorene Gut erinnern und den Weg nicht scheuen, auf dem sie es einst erlangt haben. Ich sage nicht, sie sollten so vollkommen sein, dass sie keine Sünde mehr begehen. Auch wenn wir schon so große Gnaden erlangt hatten, bleiben wir doch armselige Menschen. Wozu ich jene ermahne, ist dies, dass sie das innerliche Gebet nicht aufgeben. In ihm werden sie ihre Untreue erkennen und vom Herrn die Gnade der Reue und Kraft erhalten, sich wieder zu erheben.

Ich weiß nicht, ob ich diese Sache richtig verstehe; ich urteile, wie gesagt, nur nach meiner eigenen Erfahrung.

Leben 15, 1 u. 3

Manchmal muss ich lachen, wenn ich Menschen sehe, die beim Beten davon träumen, sie würden um Gottes willen gerne verachtet und sogar öffentlich beschimpft werden – die aber selbst ihre kleinsten Fehler bemänteln oder, wenn man ihnen zu Unrecht einen Fehler vorwirft, mit einer Gereiztheit reagieren, vor der uns Gott bewahre. Wer so wenig vertragen kann, der möge gegen seine vermeintlichen hohen Entschlüsse etwas skeptischer werden.

Seelenburg V, 3, 11

Jeder, der vorankommen will, aber in sich noch die Neigung hat, an seiner Ehre zu hängen, der glaube mir und ruhe nicht, bis er sich davon losgewunden hat. Denn es ist eine Kette, die Gott allein durchfeilen kann, sofern wir beten und uns anstrengen, das Unsrige zu tun. Meines Erachtens ist diese Neigung eine Fußangel auf dem Weg der Vollkommenheit, und oft entsetzt mich der Schaden, den sie anrichtet. Ich kenne Menschen, die bewundernswerte Taten vollbringen und heiligmäßig leben. Warum liegen sie trotzdem am Erdboden? Was hält sie zurück, obwohl sie so viel für Gott tun? Ach, sie hängen noch an irgendeinem Ehrenpunkt, und das Schlimmste ist, sie wollen es nicht einsehen, dass sie daran hängen.

Leben 31, 21

Die Seele, die arm im Geiste ist, bleibt in Leiden und Dürre gelassen. Sie wird schmerzlich berührt, verliert sich aber nicht in Unruhe und Betrübnis wie manche, die alles verloren glauben, wenn sie keine Andacht mehr empfinden, als ob die eigene Anstrengung da etwas ausrichten könnte. Ich sage nicht, dass man sich nicht um diese Andacht bemühen und nicht mit Sorgfalt vor Gott stehen solle. Kann man dennoch keinen guten Gedanken fassen, so soll man sich deswegen nicht zu Tode grämen. Man muss in Freiheit diesen Weg gehen und sich den Händen Gottes überlassen. Wenn jemand eine schlechte Stimme hat, so kann er sich im Singen abmühen, so viel er will, sie wird davon nicht gut. Will aber Gott ihm eine gute Stimme geben, so war es unnötig, sich erst mit Krächzen zu plagen. Bitten wir also Gott um seine Gnade. Leben 22, 11 u. 12

Die Seelenkräfte befinden sich [auf der dritten Stufe des Gebets] in einem Schlummerzustand, in dem sie sich zwar nicht ganz verlieren, aber auch nicht begreifen, was sie wirken.

Die Seele weiß dann nicht, was tun. Soll sie sprechen oder schweigen, lachen oder weinen. Es ist eine glorreiche Verrücktheit, eine himmlische Torheit. Da erlernt man die wahre Weisheit. Es ist ein Zustand unbeschreiblicher Wonne.

Diese Gebetsweise ist meines Erachtens ganz offenbar eine Vereinigung der ganzen Seele mit Gott. Doch scheint es Gott den Seelenkräften zu gestatten, das Außerordentliche, was er hier wirkt, zu erkennen und sich daran zu freuen. So kann es sein, dass Verstand und Gedächtnis frei bleiben und sich mit Berufsarbeiten befassen und Werke der Liebe tun können. Diese Art des Gebets verbindet also gewissermaßen das tätige mit dem beschaulichen Leben. Leben 16, 1, 17, 4–5

Keine Gebetsstufe ist so erhaben, dass man es nicht immer wieder nötig hätte, von vorn anzufangen. Die Selbsterkenntnis, das Bewussthalten der eigenen Sündhaftigkeit ist das Brot, das man auf dem Weg des Gebets zu allen Speisen, wie köstlich sie auch sind, essen muss. Aber es muss mit Maß gegessen werden. Wenn jemand sich in seiner Niedrigkeit erkennt und weiß, dass er aus sich selbst nichts Gutes hat – warum soll er dann immerfort darüber nachdenken und damit seine Zeit verlieren, statt sich anderen Dingen zuzuwenden, die der Herr ihm vor Augen führt? Leben 13, 15

Betrachten wir unsere Seele als eine Burg, ganz aus einem Diamanten oder einem sehr klaren Kristall.

Stellen wir uns vor, es gebe dort viele Wohnungen, oben, unten und an den Seiten. Im Innersten der Burg, in der Mitte all dieser Wohnungen, ist die vorzüglichste, dort spielen sich geheime Dinge ab zwischen Gott und der Seele.

Das Eingangstor zu dieser Burg ist Gebet und Betrachtung.

Das erste Gemach, in das man eintritt, ist die Selbsterkenntnis. Seelenburg I, 1, 1, II, 10

Es ist sehr bedauerlich und recht beschämend, wenn wir durch eigene Schuld uns selbst nicht kennen und nicht wissen, wer wir sind.

Ist die Selbsterkenntnis auch nur die erste Wohnung der Seele, so ist sie doch schon reich und kostbar. Aber der Teufel versucht mit List und Tücke, die Seele vom Vordringen in die anderen Gemächer abzuhalten. Er will schon verhindern, dass die Seele zur Selbsterkenntnis komme und sich auf den weiteren Wegen zurechtfinde.

Über die erste Wohnung könnte ich aus eigener Erfahrung reichlich Auskunft geben. Man stelle sich nicht wenige, sondern unzählige Gemächer vor, denn auf mannigfaltige Weise treten die Seelen in diese Wohnung ein.

Seelenburg I, 1, 1, 2, 12–13

Schon der Verstand belehrt die Seele, dass sie keinen besseren Freund als Gott finden könnte, wenn sie auch noch so viele Jahre leben würde. Auch versichert ihr der Verstand, dass sie nirgends Sicherheit und Frieden finden werde außer in dieser Burg, und darum möge sie das Herumstreifen in fremden Häusern aufgeben. Ihr eigenes Haus ist ja überreich an

Gütern, an denen sie sich erfreuen kann, wenn sie nur will. Seelenburg II, 4

Sorgt euch nicht, wenn ihr dem Ruf des Herrn nicht gleich entsprecht. Gott weiß viele Tage und Jahre zu warten, besonders wenn er sieht, dass man Ausdauer hat.

Die Anfänger bitte ich, sie mögen des Kampfes nicht müde werden und nicht wieder umkehren. Sie sollen nur auf die Barmherzigkeit Gottes vertrauen, nicht auf sich selbst. Dann werden sie die Erfahrung machen, dass Gott sie von einer Wohnung der Burg in die andere führt, dorthin, wo die wilden Tiere sie nicht mehr anfallen können. Dort werden sie schon in diesem Leben empfangen, was sie sich erhofft haben. Seelenburg II, 10

Nicht mit Gewaltanstrengung, sondern in aller Ruhe sollt ihr euch um Sammlung bemühen, dann wird sie länger anhalten. Seelenburg II, 11

Gegen den Rückschritt gibt es nur ein Mittel: immer wieder von vorn anzufangen. Sonst verfällt man täglich mehr, und gebe Gott, dass man es noch merkt!

Seelenburg II, 11

Nichts finde ich geeigneter als das Wasser, um gewisse Zusammenhänge des geistlichen Lebens zu erklären. Auch habe ich eine besondere Vorliebe für dieses Element, und so habe ich es mit mehr Aufmerksamkeit betrachtet als andere Dinge, wiewohl in allem, was Gott schuf, ohne Zweifel viele Geheimnisse verborgen sind, in die man sich mit Gewinn versenken kann. Ich glaube, dass in jedem, auch dem winzigsten Geschöpf Gottes, auch in einer Ameise, mehr verborgen liegt, als man davon begreift.

Seelenburg IV, 2

Gott hat mancherlei Wege, die Seele zu wecken. Ich denke hier an die Worte, die er auf vielfältige Weise an die Seele richtet. Die sichersten Zeichen, dass diese Ansprachen von Gott kommen, sind meines Erachtens folgende:

Das erste Zeichen ist die Macht, die diese Zusprüche Gottes in sich tragen; da ist Sprechen und Wirken dasselbe …

Das zweite Kennzeichen göttlicher Herkunft solcher Zusprüche ist eine tiefe Ruhe, die in die Seele einzieht und in ihr bleibt.

Das dritte Zeichen, an dem man die von Gott kommenden Zusprüche erkennen kann, besteht darin, dass sie sehr lange im Gedächtnis haften, manche für immer. Seelenburg VI, 3. 1–7

Zuweilen ist der Wille zwar nicht erstorben, aber das Feuer, das ihn entflammt hatte, ist am Erlöschen, und dann muss es wieder angefacht werden durch Besinnung, damit es erneut Wärme ausströmt. Aber wir dürfen da nicht wie Elias Feuer vom Himmel erwarten. Vielmehr sollen wir in allem die Mittel anwenden, über die wir verfügen.

Wenn also das Feuer im Willen nicht brennt und wir die Anwesenheit Gottes nicht fühlen, dann müssen wir auf die Suche gehen nach dem Willen Gottes, wie es die Braut im Hohenlied getan hat.

Seelenburg VI, 7, 8 u. 9

noch in der sechsten Wohnung:

Das Verlangen der Seele [nach gänzlicher Vereinigung mit Gott] brennt in der Seele wie ein Feuer, und der Gedanke, dass der Tod noch immer auf sich warten lässt, kann sie wie ein Pfeil durchbohren. Man spürt diesen scharfen Stich meines Erachtens nicht dort, wo man sonst Schmerzen fühlt, sondern in der allerinnersten Seelenmitte, wie einen raschen Blitzstrahl, der alles Irdische an uns zu Asche verbrennt.

Seelenburg VI, 11, 2

aber in der siebenten Wohnung,
auf der höchsten Gebetsstufe:

Ihr habt gesehen, wie die Seele im Verlangen nach dem Tode gelitten hat, aus lauter Sehnsucht nach Gott. Jetzt aber hat ihr Verlangen, zu seinem Lobe zu wirken und anderen zu helfen, lebhaft zugenommen. Statt zu sterben, wünscht man sich nun, noch lange zu leben, sei es unter Leiden, wenn man dadurch das Lob Gottes auch nur ein klein wenig fördern könnte.

Seelenburg VII, 3, 6

Diese [siebente] Wohnung unterscheidet sich von den anderen dadurch, dass in ihr fast keine Beunruhigungen auftreten … Alles, was der Herr hier für die Seele tut, vollzieht sich in solcher Ruhe und so lautlos, dass ich es mit dem Bau des Salomonischen Tempels vergleichen möchte, bei dem kein Lärm zu hören war. So ist es auch in diesem Tempel Gottes, in dieser seiner Wohnung, in der Gott und die Seele einander in tiefster Stille erfreuen.

Seelenburg VII, 3, 10, 11

Wenn in dieser [siebenten] Wohnung die Seele einmal schläfrig wird, weckt der Herr selbst sie durch eine ganz sanfte Anregung.

Verspürt ihr eine solche Anregung, so wisst, dass sie von dieser innersten Wohnung, aus eurer Seelenmitte, dem Wohnsitz Gottes selbst, hervorgeht. Sie ist eine Botschaft an euch, sie ist wie ein Brieflein, mit inniger Liebe geschrieben und so, dass ihr allein es lesen und verstehen sollt, um was er euch darin bittet. Versäumt es nie, Gott darauf zu antworten, auch wenn ihr gerade beschäftigt oder im Gespräch seid … Mit so zarter Berührung wird die Seele bereitgemacht, das Aufgetragene entschlossen zu vollführen.

Seelenburg VII, 3, 8, 9

Es war nur von sieben Wohnungen die Rede, indes umfasst jede von ihnen unten und oben und seitwärts viele andere mit prächtigen Gärten, Springbrunnen und verschlungenen Wegen und anderen Dingen, die so wundervoll sind, dass sie euch zum Lob des großen Gottes begeistern, der diese Burg nach seinem Bild und Gleichnis geschaffen hat.

Seelenburg, Schlusswort 3

V

Werke will der Herr

Sehe ich Menschen, die so sehr auf ihre Gebetsweise versessen sind, dass sie starr und steif sich in sich selbst verschließen – wie wenn sie nicht wagten, sich zu rühren, um ja keine Brosame ihrer Andacht zu verlieren –, so verraten sie mir damit, wie wenig sie von dem Weg wissen, der zur Vereinigung mit Gott führt.

Sie meinen, auf Andachtsgenüsse komme es an. Nein, meine Schwestern, nein, Werke will der Herr. Wenn du weißt, du könntest einer Kranken Linderung bringen, so lass ohne Zögern ab von deiner Andacht, und tu's. Seelenburg V, 3, 12

Das sicherste Zeichen, ob wir das doppelte Gebot erfüllen, ist meines Erachtens die treue opferbereite Liebe zum Nächsten. Denn ob wir Gott lieben, können wir nicht wissen, höchstens es vermuten; aber ob wir den Nächsten lieben, das können wir wissen.

Seelenburg V, 3, 9

Je weiter wir in der Liebe zum Nächsten gehen, umso größer wird unsere Liebe zu Gott. Denn der Herr liebt uns Menschen so sehr, dass er zum Lohn für unsere Liebe zum Nächsten unsere Liebe zu ihm tausendfach wachsen lässt. Daran zweifle ich nicht im Geringsten. Seelenburg, V, 3, 9

Die wahre Vollkommenheit besteht in der Liebe zu Gott und zum Nächsten.

Vermeiden wir allen zudringlichen Eifer. Die gegenseitige Liebe ist so wichtig, dass ich wollte, ihr würdet sie nie vergessen. Denn wenn wir geringfügige Dinge an anderen beobachten, die man kaum Unvollkommenheiten nennen kann, die wir vielleicht nur aus Unwissenheit ärgerlich aufnehmen, dann ist bald der eigene Seelenfrieden dahin und der Frieden anderer gestört. Ihr seht, eine solche Art Vollkommenheit käme euch teuer zu stehen!

Seelenburg I, 2, 19

Jesus, wie groß ist deine Liebe zu den Menschenkindern! Der größte Dienst, den wir dir erweisen können, ist, dass wir dich aus Liebe zu ihnen verlassen, damit sie dich gewinnen. Wir sind dann noch vollkommener mit dir vereint. Wer den Nächsten nicht liebt, der liebt auch dich nicht. Rufe II, 3

Je besser man Gott erkennt, desto leichter findet man die Werke ausführbar, die man um seinetwillen tut. Buch der Klosterstiftungen 3, 6

Herr, über alle natürliche Vernunft hinaus machst du die Dinge in einer Weise möglich, dass man klar erkennt, man braucht dich nur über alles zu lieben, und du machst alles leicht. So kann man schon sagen, du machst der Mühsal in deinem Gesetz ein Ende; ich sehe keine, o Herr. Und ich kann mir auch nicht vorstellen, wieso der Weg, der zu dir führt, schmal sei.

Wer dich, mein höchstes Gut, in Wahrheit liebt, der wandert auf breiter und königlicher Straße. Und ist er ein wenig gestrauchelt, so reichst du ihm schon deine Hand. Leben 35, 11 u. 12

Du hast mich auf den rechten Weg zurückgeführt, und als ich dich wieder bei mir sah, fand ich alles Gute. Mit einem so treuen Freund zur Seite, mit einem so tapferen Feldherrn, der an der Spitze der Leiden voranging, kann man alles bestehen. Er hilft uns und macht uns stark, er verlässt uns nie, er ist uns ein wahrer Freund. Leben 22, 6

Ihr meint wohl, der Mensch, der so in die Gegenwart Gottes vertieft ist, könne auf nichts anderes mehr achten. Im Gegenteil, er achtet noch viel mehr auf alles, womit er seine Liebe zu Gott ins Werk setzen kann. Nur in den Arbeitspausen gibt er sich dieser beglückenden Gesellschaft hin.

Seelenburg VII, 1, 7f.

Es wäre schlimm, wenn wir uns weigern würden, etwas Wichtiges sofort zu tun, was Gott uns in aller Deutlichkeit aufgetragen hat, sondern es vorzögen, uns dem beschaulichen Gebet zu widmen, weil dies mehr nach unserem Sinn steht. Das wäre mir ein schöner Fortschritt in der Liebe Gottes, es hieße ja, ihm die Hände binden, in der Einbildung, er könne uns nur auf diesem einen Weg voranbringen.

Buch der Klosterstiftungen 5, 4

Ich selbst war wegen des Mangels an Zeit zum innerlichen Gebet sehr betrübt, auch hatte ich Mitleid mit anderen, die ich ständig an der Arbeit sah, immerfort mit den ihnen aufgetragenen Dingen beschäftigt. Ich dachte bei mir und sprach auch davon, dass sie bei solcher Unrast unmöglich im geistlichen Leben vorankommen könnten.

O Herr, wie verschieden sind doch deine Wege von unseren Meinungen. Du verlangst von einem Menschen, der entschlossen ist, dich zu lieben und sich dir zu überlassen, weiter nichts, als dass er sich gut in das hineinfindet, was du ihm aufträgst!

Denkt also daran, dass der Herr auch in der Küche zwischen den Töpfen umhergeht und dass er innen und außen bei euch ist.

Buch der Klosterstiftungen 5, 5–7

Ein Mensch, der immer zurückgezogen lebt, mag noch so heilig scheinen, er weiß doch nicht und kann es nicht wissen, ob er Geduld und Demut hat.

Darum ist es gut, wenn wir Aufgaben bekommen, die uns erkennen lassen, wie elend wir sind. Ich meine, ein einziger Tag, in demütiger Selbsterkenntnis verbracht, auch wenn uns das hart ankommt und wehtut, ist eine weit größere Gnade als viele Tage, die wir dem Gebet widmen. Zumal der wahrhaft Liebende überall liebt. Es wäre schlimm, wenn man sich dem Gebet nur in verborgenen Winkeln hingeben könnte.

Buch der Klosterstiftungen 5, 15–16

Es ist mir klar, dass einer, der sehr beschäftigt ist, nicht viele Stunden auf das Gebet verwenden kann. Und doch, Herr, welche Kraft hat vor dir ein Seufzer, der aus dem Innersten unseres Herzens zu dir aufsteigt, wenn wir traurig feststellen, dass wir nicht bloß in dieser Verbannung leben müssen, sondern darin nicht einmal ein Plätzchen finden, wo wir allein mit dir froh werden dürften?

Allerdings müssen wir achtgeben, uns nicht so völlig in die Werke des Gehorsams und der Liebe zu verlieren, dass wir vergessen, uns innerlich immer wieder zu Gott zu erheben. Glaubt mir, nicht die Länge der Zeit fördert den Menschen im Gebet. Verwendet er einen Teil seiner Zeit auf gute Werke, so wird er bald mehr von Liebe erfüllt sein als durch viele Stunden der Betrachtung. Buch der Klosterstiftungen 5, 16–17

Eine zu tiefe und lang andauernde Versunkenheit bei geistlichen Übungen führe ich auf eine Schwäche zurück. Man sollte seine Zeit nicht so lange in Träumereien zubringen. Hält die Versunkenheit einen in Untätigkeit fest, so muss man das Thema der Betrachtung wechseln. Gott hat ebenso großes Wohlgefallen, wenn man über seine Geschöpfe, die er aus dem Nichts erschaffen hat, nachdenkt, wie wenn man an den Schöpfer selbst denkt.

Je mehr wir uns in die Wunderwerke Gottes vertiefen, desto mehr offenbaren sie uns seine Herrlichkeit. Buch der Klosterstiftungen 6, 1–7, 9

Wir müssen alles für verdächtig halten, was uns derart in Bann schlägt, dass wir am freien Gebrauch der Vernunft gehindert sind; auf solchen Wegen werden wir nie zur Freiheit des Geistes gelangen. Diese hat unter anderem die Eigenschaft, dass sie Gott in allen Dingen findet und bei allem betrachtend verweilen kann. Alles Übrige knechtet den Geist, hemmt die Seele in ihrem Wachstum, zudem schadet es der Gesundheit des Leibes. Buch der Klosterstiftungen 6, 15

Mutige Menschen kommen in wenigen Jahren weiter voran als zaghafte, die sich in Demut einmummen. Leben 13, 2

Wenn alles Reden und Tun auf Gott zielt, dann, glaube ich, entzieht er sich den Seelen niemals. Dies sehe ich jetzt in diesen Klöstern, und ich kann es bezeugen. Die nach uns kommen und dies lesen, aber es bei ihnen nicht mehr so finden, wie es heute ist, die sollen sich ernstlich darüber Sorgen machen und nicht die Schuld auf die Zeiten schieben. Für Gott sind alle Zeiten gut, um seinen wahren Dienern große Gnaden zu schenken, darum mögen sie sich selbst prüfen, ob es nicht an ihnen fehlt.

Buch der Klosterstiftungen 4, 5

Wir müssen unterscheiden zwischen dem, was an den Heiligen zu bewundern ist, und dem, was nachzuahmen ist. Es wäre verkehrt, wenn jemand, der kränklich ist, sich aufs Fasten und auf harte Bußübungen verlegen wollte und in die Wüste ginge, wo er kein Dach, keine Nahrung, nichts als Entbehrungen hätte. Wir brauchen doch nur mit Gottes Gnade die Welt im rechten Licht zu sehen, uns nicht so viel aus Ehre und Ansehen zu machen und uns nicht an irdische Güter zu klammern. Da werden aber unsere Herzen auf einmal ganz eng und bänglich, wir meinen, wir verlieren den Boden unter den Füßen, wenn wir die Sorge um unseren Körper nur ein bisschen zurückstellen und sie dafür etwas mehr dem Geist zuwenden. Weil uns die irdischen Sorgen während des Gebets beunruhigen, folgern wir, es sei der inneren Sammlung zuträglich, wenn wir uns mit dem Lebensnotwendigen vorher gründlich absichern. So ist es in der Tat: Wenn der Geist bei uns noch so wenig entwickelt ist, machen uns Kleinigkeiten ebenso viel zu schaffen wie große und wichtige Dinge.

Leben 13, 4–5

Die Reichen, die nicht nur das Nötige zur Genüge haben, sondern zudem viel Geld horten, freuen sich an ihrem Besitz, geben ab und zu Almosen und denken nicht daran, dass ihre Güter nicht ihr Eigentum sind, sondern ihnen nur zur Verwaltung anvertraut wurden. Aber es ist ihre Pflicht, den Armen davon auszuteilen. Sie haben zu gewärtigen, dass strenge Rechenschaft von ihnen verlangt wird, wenn sie den Überfluss bei sich horten und den Armen vorenthalten.

Gedanken über die Liebe Gottes 2, 10

Die Seele lacht über sich selbst, dass sie früher auf Geld etwas hielt. Was kauft man denn mit dem Geld, auf das wir so sehr bedacht sind? Ach, eine klägliche Sicherheit ist es, sie kommt uns teuer zu stehen! Oft handelt man sich mit dem Geld die Hölle ein. Hielten doch alle Menschen das Geld für unnützen Erdenstaub! Welch eine friedliche Ordnung würde dann in die Welt einziehen, und wie viele drückende Sorgen wären aus ihr verbannt! Freundschaftlich würden alle Menschen miteinander verkehren, wären sie nur frei von Sucht nach Ehre und Geld! Ich glaube, alles ginge dann besser. Leben 20, 27

Martha und Maria müssen beisammen sein, den Herrn zu beherbergen, wenn man ihn nicht unbewirtet lassen will. Was hätte ihm Maria, zu seinen Füßen sitzend, denn zu essen geben können, wäre ihre Schwester nicht für sie eingesprungen? Was er sich aber wünscht, das ist, dass wir ihm dabei helfen, Menschen zu retten.

Ihr wendet vielleicht ein, der Herr habe gesagt, dass Maria den besten Teil erwählt habe? Darauf erwidere ich: Maria hatte damals den Dienst der Martha schon erfüllt, ihm die Füße gewaschen und mit ihren Haaren getrocknet. Seelenburg VII, 4, 12

Vergleiche einen Menschen nicht mit einem anderen; denn das ist gehässig. Ermahnungen, Nr. 44

Es war für mich keine geringe Mühe, mich in diese geschäftlichen Dinge hineinzuarbeiten. Doch seit ich mit der Errichtung der Gottes- und Ordenshäuser zu tun habe, bin ich so geschäftstüchtig geworden, dass ich mich auf all diese Sachen ganz gut verstehe.

Ich verstehe nicht, wie die Leute so verblendet sein können und mir ein so großes Vertrauen schenken, dass sie mir tausend oder auch zweitausend Dukaten leihen würden. Gerade in dieser Zeit, in der mir alles Geld und alle Geldgeschäfte so zuwider sind, will der Herr, dass ich mit nichts anderem umgehe, und das ist mir kein kleines Kreuz.

21. Brief,
Toledo, 17. Januar 1570
An Don Laurentius de Cepeda
(einen ihrer Brüder)

Gott sei Dank, dass mir nach sieben oder acht Geschäftsbriefen, die ich nicht aufschieben konnte, noch etwas Zeit bleibt, um diese Zeilen zu schreiben, aus denen sie ersehen sollen, dass mich Ihr Brief sehr getröstet hat. Denken Sie bloß nicht, es sei Zeitverlust, wenn Sie mir schreiben; mitunter habe ich diesen Trost sehr nötig. Aber ich möchte das nur unter der Bedingung haben, dass Sie mir nicht immer so viel von Ihrem Alter reden. Das bringt ja meine Gedanken ganz durcheinander, so als wäre das Leben junger Menschen in einer Versicherung. Gott erhalte Sie am Leben, bis ich sterbe! Danach werde ich sorgen, dass der Herr auch Sie bald zu sich hole, damit ich dort nicht ohne Sie bin.

12. Brief,
Valladolid, Ende September 1568
An Don Francesco de Salcedo

Wenn ich um meine Meinung gefragt würde, ich würde nie raten, eine gute Eingebung, die sich mehrmals wiederholt, aus Furcht vor Hindernissen abzutun. Hat man Gott im Sinn bei einer Unternehmung, so hat man keinen Grund, zu befürchten, dass sie schlecht ausgeht. Denn Gott ist mächtig, uns in allem zu helfen. Leben 4, 3

VI

Der andere Himmel

Wie der Herr im Himmel eine Wohnung hat, so muss wohl auch in der Seele eine Stätte oder, sagen wir, ein anderer Himmel sein, wo er allein wohnt.

Seelenburg VII, 1, 3

Wenn der Seele im Gebet eine solche Gnade zuteilwird, ist es ihr, als nehme sie einen Schatten der Gottheit wahr, der sich über sie breitet und sie gleichsam in eine Wolke hüllt. Ein Wonnegefühl, wie ein lieblicher Tau, strömt auf sie ein, sodass sich die Ketten lösen, mit denen sie an die irdischen Dinge gefesselt war.

Gedanken über die Liebe Gottes 5, 4

Die Texte wurden entnommen aus:

- Das Leben der heiligen Theresia von Jesus, von ihr selbst beschrieben (zwischen 1562 und 1565).
- Die Seelenburg (1577).
- Das Buch der Klosterstiftungen (1573 bis 1582).
- Rufe der Seele zu Gott (ca. 1569 bis 1572).
- Gedanken über die Liebe Gottes (1574).
- Ermahnungen
- Gedichte und Lieder
- Briefe